AF322298

DÉCISION

DU

CONSEIL DES PRISES.

DÉCISION

D U

CONSEIL DES PRISES

SUR les délais de l'instruction dans les contestations qui lui sont attribuées.

AU NOM DE LA RÉPUBLIQUE FRANÇAISE , une et indivisible,
LE CONSEIL a rendu la décision suivante :

Vu les conclusions laissées aujourd'hui par écrit sur le bu-
reau par le Commissaire du Gouvernement, et dont la teneur
suit :

Par l'article XIII de l'arrêté des Consuls du 6 germinal dernier, il est dit que *l'instruction* des affaires pendantes au Conseil, *se fera devant ce Conseil sur simples mémoires respec-
tivement communiqués par la voie du secrétariat, aux parties,
ou à leurs défenseurs qui justifieront préalablement de leurs
droits et de leurs pouvoirs.*

Il est ajouté que *les délais pour cette instruction ne pourront excéder trois mois pour les prises conduites dans les
ports de la Méditerranée; et deux mois seulement pour les
autres ports de France, le tout à compter du jour où les
pièces auront été remises au secrétariat du Conseil des
Prises.*

A 2

Des armateurs français ont adressé au Ministre des relations extérieures un mémoire en interprétation de la disposition de cet arrêté , relative aux délais. Ce Ministre m'a renvoyé ce mémoire, le 29 floréal.

Le C. Berryer, chargé de défendre plusieurs affaires de prises; m'avoit déjà écrit le 27 du même mois, pour me faire part de ses doutes sur le même objet.

Il importe de fixer des incertitudes qui arrêtent la marche de la Justice.

On paraît craindre que, sans aucune distinction des affaires antérieures au 4 nivôse, et de celles postérieures à cette époque, le Conseil ne puisse croire que les mêmes *délais* sont applicables à toutes.

Ceci mérite d'être éclairci.

L'instruction, en termes de jurisprudence , se compose de deux parties : celle relative à l'établissement des faits , et celle consacrée au développement des points de droit.

Le droit naît du fait ; la partie de l'instruction qui sert à fixer les faits dans chaque cause, est donc la première et la plus essentielle ; elle est de la substance des jugemens.

Je place, dans cette partie de l'instruction tout ce qui tend à mettre, sous les yeux du juge, les pièces ou les témoignages qui motivent les demandes et les exceptions des parties.

Elle ne peut jamais se suppléer, parce que les faits ne se suppléent pas. Mais le juge peut suppléer le droit; il le doit même, quand les parties négligent de le développer ou de l'établir. Car le droit appartient à tout le monde : personne n'est présumé l'ignorer, et moins encore un magistrat qui en est par ses fonctions le dépositaire et le dispensateur.

Il doit y avoir un délai convenable pour l'instruction en général; car, puisque les parties ont la faculté de se défendre, il faut qu'elles en aient le tems. Mais quand une cause est instruite, il faut la juger. Des délais uniquement ménagés pour l'instruction, ne doivent pas devenir des obstacles au jugement, quand l'instruction est faite. S'il en était autrement, on tournerait, au préjudice des parties, les règles même qui n'ont été établies que pour leur avantage; et on feroit, pour ainsi dire, violer la loi par la loi même.

Tels sont les principes.

D'après ces principes, appliquons l'art. XIII de l'arrêté des Consuls, du 6 germinal.

Cet article, après avoir fixé le mode d'instruction que l'on observera dans les affaires pendantes au Conseil, dit que les *délais pour cette instruction ne pourront excéder trois mois, pour les prises conduites dans les ports de la Méditerranée, et deux mois seulement pour les autres ports de France.*

Il résulte des termes de cette disposition réglementaire, qu'il s'agit des *délais* pour les causes dont l'*instruction* est à faire, et non pour celles dont l'instruction serait déjà complète.

Or, jetons un coup d'œil sur les diverses affaires, attribuées au Conseil.

Je considère, en première ligne, celles qui étaient pendantes au tribunal de cassation, et qui conséquemment avaient déjà reçu une double instruction dans les tribunaux de première instance et d'appel. Il semble, d'abord, que des affaires, déjà si longuement et si solennellement discutées, ne comportent plus aucun nouveau délai.

Cependant je pense qu'il est nécessaire de distinguer dans le nombre de ces affaires, les causes dans lesquelles le recours en cassation était admis, d'avec les causes dans lesquelles ce recours ne l'était point encore.

On sait que le recours en cassation , exercé par la partie qui avait été condamnée , n'était point connu de l'autre partie , tant qu'il n'était point admis. Jusqu'à l'admission de la demande en cassation , rien n'était contradictoire. Le demandeur était seul entendu. Si la demande était rejetée, tout était consommé, et la partie adverse ignorait tout (1). Il serait absurde, dans une pareille hypothèse , de lier une nouvelle instance devant le Conseil, et de la juger , sans que cette partie eût le tems d'être avertie des nouveaux risques qu'on lui fait courir. Elle est autorisée à demeurer tranquille, tant qu'elle ne sait point si son titre est attaqué. On se rendrait coupable d'injustice et de précipitation à son égard, si on la frappait sans l'avertir , et sans lui donner un délai proportionné à son éloignement, pour se montrer dans le procès, puisqu'on veut de nouveau lui faire jouer un rôle qu'elle pouvait croire fini.

Tout est changé , si l'on raisonne sur les causes dans lesquelles le recours en cassation avait été admis. Depuis cette admission , nous trouvons les parties en présence l'une de l'autre; nous trouvons une instance contradictoirement liée; il n'y a plus de surprise à craindre. On peut juger avec toute la célérité que la justice comporte , et que la situation des personnes et des choses exige.

Cependant , même dans ces hypothèses , le Conseil peut encore

____

(1) N'importe que par la loi du 4 prairial an VI , le demandeur en cassation fût tenu d'en faire sa déclaration dans les dix jours qui suivaient le jugement contre lequel il voulait se pourvoir. N'importe que la même loi soumît encore le demandeur à faire porter les pièces au tribunal de cassation : il n'est pas moins vrai qu'après la déclaration du demandeur , celui-ci pouvait n'y pas donner suite. Il n'est pas moins vrai que jusqu'à l'admission du recours en cassation , celui qui a obtenu gain de cause n'est point partie et ne peut l'être , et qu'il repose sous la foi de son jugement , jusqu'à ce qu'il soit appelé de nouveau.

être arrêté par d'autres circonstances. Il arrivait quelquefois, par exemple, que les parties, réduisant leurs contestations à de simples points de forme, négligeaient de faire ordonner l'apport des pièces relatives au fond. Cette négligence était un abus : mais il n'en résulte pas moins que les pièces, relatives au fond, manquent. Ne sera-t-il pas juste et indispensable, en pareil cas, de laisser un tems suffisant pour l'apport de ces pièces?

Si je passe ensuite aux affaires qui n'étaient point encore pendantes au tribunal de cassation, j'en découvre de plusieurs espèces. Les unes ont déjà été jugées dans les tribunaux d'appel; les autres y sont encore pendantes, ou n'y ont pas même encore été portées.

Les premières, si on est encore dans les délais du recours en cassation, peuvent devenir l'objet de la compétence du Conseil. Mais, comme il est libre aux parties de s'en tenir à l'autorité de la chose jugée, si l'une d'elles veut exercer, devant le Conseil, le recours qu'elle aurait pu porter au tribunal de cassation : il faut que l'autre partie, dont le domicile peut être plus ou moins éloigné, soit à portée de repousser la nouvelle attaque que l'on dirige contre elle. Elle n'est pas obligée de prévoir une action que sa partie adverse peut exercer, comme ne pas exercer, et qui dépend uniquement du libre arbitre de cette partie. Des délais sont donc nécessaires, quoique la cause ait déjà été discutée dans d'autres tribunaux.

Quant aux affaires non jugées par les tribunaux d'appel, ou même pendantes devant les juges de première instance, on doit en continuer l'instruction, si elle n'est pas achevée, ou les juger, si l'instruction est finie.

On comprend donc que toute définition générale sur cette matière, serait périlleuse, et qu'il faut se conduire selon l'exigence des cas.

Je vais, pourtant, vous présenter quelques considérations qui pourront diriger notre conduite.

L'arrêté des Consuls, en disant que les délais de l'instruction ne pourront excéder deux mois ou trois, suppose que ces délais peuvent être moindres dans toutes les contestations, même dans celles qui sont nées le plus récemment, ou qui pourront naître à l'avenir.

Quand un règlement permet d'abréger des délais, cette abréviation est abandonnée à l'équité du juge.

Les parties peuvent également, d'un commun accord, renoncer à des délais établis en leur faveur : car chacun peut renoncer à son droit.

Des délais, ménagés pour l'instruction d'une cause, peuvent être abrégés, si l'instruction est complète. L'effet cesse alors avec la cause.

Dans les affaires de prises, l'instruction fondamentale est dans les pièces de bord, dans les interrogatoires subis par les équipages, dans les déclarations reçues par ceux à qui la prise est dénoncée, et dans les procédures faites pour constater la conduite respective du capteur et du capturé, et pour fixer la qualité du pavillon et celle des effets pris.

Tous les actes, relatifs à ces différens objets, sont communs à toutes les parties.

On ne peut, sans doute, priver ces parties de la faculté de raisonner sur les actes du procès, d'en démêler les irrégularités ou la fraude s'il y en a, et de développer tous les moyens de droit qui peuvent naître de ces actes. Un juge ne doit pas fuir la lumière; il est sujet à l'erreur, comme les autres hommes. Il doit souffrir qu'on éclaire sa religion.

Mais cette sorte d'instruction, qui ne consiste qu'en raisonnemens , en réflexions , ou en développemens de quelque point de droit , ne doit point être laissée au caprice des parties trop souvent intéressées à suspendre le jugement qui les menace, ou à courir uniquement pour se faire suivre. Le juge demeure donc arbitre des limites qu'il est utile de prescrire aux longueurs et aux délais , sans cela interminables, de la défense.

Mais il est de la substance des jugemens , que les parties soient en présence ou duement appelées , et qu'aucun jugement ne puisse intervenir à leur insçu, à moins qu'elles ne puissent s'imputer à elles - mêmes leur défaut de comparution.

L'instruction devant le Conseil est sommaire; mais on doit y observer tout ce qui est de la nécessité de la défense.

D'après les règles connues de la justice , il est des cas où il faut appeler une partie, *eam in jus vocare.* Il en est d'autres où il suffit de la constituer en demeure.

On appelle une partie , quand on exerce contre elle un recours ou une action qu'elle ne connaît point encore, et qu'elle pourrait ignorer toujours, si on ne lui en donnait pas connaissance.

On la constitue en demeure , quand il s'agit seulement de hâter les opérations dans une instance déjà contradictoirement formée.

Dans les contestations relatives aux prises, le capteur et le capturé sont en présence depuis le moment même de la prise. Toutes les premières procédures leur sont communes , ainsi que les pièces qui préjugent leurs droits respectifs. Tout est contradictoire dès le début, et c'est dans cet état que les affaires arrivent au Conseil. Il ne peut donc pas être question, dans l'instance qui s'ouvre devant le Conseil, d'appeler des parties qui sont déjà en cause. Ces parties sont suffisamment averties de veiller à leur propre intérêt, de se rendre dans le lieu des séances du Conseil, ou d'y constituer procureur pour y suivre le mode d'instruction établi par les règlemens. Elles sont averties que les délais donnés par ces règlemens, courent du jour de la remise au secrétariat des pièces de première instance. S'agissant ici d'une justice exercée avec des formes administratives, l'interpellation précise de la loi dispense de celle de l'homme : *Dies interpellat pro homine.*

J'ai dit que dans plusieurs circonstances les délais peuvent être abrégés par le juge ; mais alors il faut que la partie soit constituée en demeure par quelque monition particulière, puisqu'on sort de la monition générale de la loi. Cette monition particulière doit être faite en exécution d'une ordonnance du Conseil qui interviendra sur la pétition de la partie la plus diligente, le commissaire du gouvernement entendu, et qui déclarera qu'il sera passé outre au jugement dans tel ou tel délai. L'ordonnance du Conseil est nécessaire, parce qu'il n'appartient qu'à lui d'abréger les délais *selon conscience et équité*, quand les deux parties ne sont pas d'accord sur cette abréviation. Au reste, cette ordonnance doit être notifiée à la diligence de la partie qui l'obtient.

La forme de procéder que j'indique et qui est suffisante dans toutes les affaires nées après le 4 nivôse, ou qui naîtront à l'avenir, ne saurait suffire dans celles où l'on s'était déjà pourvu en cassation, et où pourtant le recours n'était point encore admis. Là, on ne trouve point les parties en présence, puisque jusqu'à l'admission du mémoire en cassation tout se traitait à l'insçu de la partie qui avait obtenu le jugement dont la cassation était demandée, et qui, étant autorisée à se croire hors de cause par un jugement définitif, ne peut redevenir partie que par une assignation formelle. Cette assignation exige des délais qui ne peuvent excéder ceux fixés par l'arrêté des Consuls du 6 germinal; mais qui, selon la distance des lieux où les parties sont domiciliées, peuvent être plus ou moins longs. Pour la fixation des délais dont il s'agit, on a des règles connues dans tous les tribunaux.

Ce que nous disons des affaires dans lesquelles le recours en cassation n'était point encore admis, s'applique à celles où l'on est simplement dans le délai de ce recours sans qu'on l'ait encore exercé. Car il y a même raison de décider dans les unes et dans les autres.

Telles sont les considérations que j'ai cru devoir soumettre au Conseil. Je conclus à ce qu'il soit décidé, si le Conseil les adopte, qu'elles soient rendu publiques par la voie de l'impression, pour servir d'instruction aux parties et à leurs défenseurs.

Délibéré à Paris, ce 3 prairial an VIII.

Signé, PORTALIS.

LE CONSEIL, après en avoir délibéré, considérant que les règles retracées dans les conclusions du commissaire du Gouvernement ne sont que la nue application de l'art. XIII de l'arrêté des Consuls, du 6 germinal dernier;

DÉCIDE que lesdites conclusions seront rendu publiques par la voie de l'impression, pour que les parties et leurs défenseurs aient à s'y conformer.

Fait à Paris, le 3 prairial an VIII, maison de l'Oratoire, lieu des séances du Conseil. Présens les citoyens RÉDON, *président;* NIOU, LACOSTE, MOREAU, MONTIGNY-MONPLAISIR,

Barennes, Dufaut, Parceval-Grandmaison et Tourna-chon, *Membres du Conseil.*

En foi de quoi la présente décision a été signée par le président.

Signé, Rédon, *président.*

Par le Conseil,

Le Secrétaire-général,

Signé, Calmelet.

De l'Imprimerie de TESTU, Imprimeur du Conseil des Prises, rue Hautefeuille, N°. 14.